AF330486

8° L⁴²b
825

LB 42
825

NOTICE

HISTORIQUE

SUR LE 18 BRUMAIRE.

NOTICE

HISTORIQUE

SUR

LE 18 BRUMAIRE;

PAR

LE PRÉSIDENT DE LA COMMISSION DES INSPECTEURS
DU CONSEIL DES ANCIENS,

ALORS LE CITOYEN CORNET, REPRÉSENTANT DU PEUPLE,
AUJOURD'HUI LE COMTE DE CORNET, PAIR DE FRANCE (*).

(*) L'énonciation de ces qualités marque la
différence des temps. On ne fixe aujourd'hui
l'attention qu'en remuant les passions : je
préviens que ma narration en est aussi dégagée
qu'il a été en mon pouvoir.

PARIS.

LHEUREUX, Libraire, quai des Augustins, n° 27 ;
LADRANGE, Libraire, quai des Augustins, n° 19.

1819.

BIBLIOTHÈQUE IMPÉRIALE

ACQUISITION N°

NOTICE

HISTORIQUE

SUR LE 18 BRUMAIRE.

————

La révolution du 18 brumaire an 8 (8 novembre 1799) étant une époque vraiment historique, j'ai cru que la part active que j'y avais prise m'imposait l'obligation de raconter des faits qui étaient à ma connaissance personnelle : c'est dans ma mémoire que je les ai cherchés ; elle est prête à s'affaiblir : le sentiment de la vérité m'a fait un devoir de prévenir son affaiblissement.

Ce 18 brumaire est, pour tout bon observateur, la première secousse politique, depuis 1789, qui n'ait pas eu un caractère de persécution et de vengeance. Il fut fait, parce que la machine du gouvernement, cette Constitution de l'an 3, ne pouvait plus aller. Le Directoire exécutif, les Conseils n'étaient plus en harmonie. Quelques mois auparavant, on avait forcé des Directeurs à se démettre ; on les

1.

avait remplacés par des hommes forts et faibles, ils étaient des hommes de parti.

Le ministère avait été travaillé dans le même esprit. M. de Talleyrand avait été obligé de quitter les affaires étrangères, Schérer était attaqué avec une violence que ses fautes ont légitimée. On m'avait nommé, vers ce même temps, membre de la commission des inspecteurs du Conseil des Anciens.

Les Commissions d'inspecteurs des conseils exerçaient, dans l'enceinte de leurs palais respectifs, la haute-police, et se trouvaient à cet égard souvent en contact avec la police de Paris et avec la police générale de l'État. Le conflit qui s'était élevé entre le pouvoir législatif et le pouvoir exécutif, avait fait prendre la résolution aux meneurs du parti démocratique de former une société populaire. Le gouvernement ne pouvant ni ne voulant la tolérer sur le territoire de sa juridiction, cette société se forma dans la salle dite du Manége, qui rappelle de si déplorables souvenirs : elle en prit le nom; cette salle était dans l'enceinte du palais des Anciens, les Tuileries.

La commission des inspecteurs de ce Conseil délibéra de faire fermer cette salle, et, pour assurer l'exécution de cette mesure, se borna à placer une sentinelle à sa porte. La sentinelle avait pour consigne de se retirer dès que l'on paraîtrait vouloir lui faire la plus légère insulte : la sentinelle fut respectée, et les meneurs transportèrent leurs tréteaux à l'hôtel de Salm, qui est aujourd'hui le palais de la Légion-d'Honneur.

Bodin des Ardennes, homme extrèmement instruit, et estimable sous tous les rapports, était membre de la commission des inspecteurs, et la présidait. Il m'honorait de son amitié et m'avait dit plusieurs fois : Mon cher ami, allons-nous-en, transportons les Conseils hors de Paris ; la Constitution, art. 111, nous en donne le pouvoir. Je lui répondais : Mais, c'est un coup d'État ; la conception en est facile, l'exécution difficile : dans les affaires de cette importance, l'exécution est la pierre de touche de la capacité et de la prévoyance de ceux qui les entreprennent. Où est votre bras d'exécution, où est la tête froide qui le dirigera. Nous passions en revue généraux et hommes d'État ; nous trouvions du courage, de l'esprit, mais peu de fond ; et moi de dire : Je ne m'embarque pour un voyage de long cours, qu'avec des moyens et des chances pour atteindre le port. Nous apprenons, le... vendémiaire au soir, le débarquement à Fréjus du général Buonaparte. Bodin des Ardennes est au Directoire, il est ivre de joie ; je lui dis: Avec cet homme-là, je risque tout. Bodin meurt dans la nuit, soit par une disposition physique, soit par celle de son ame ; et je verse sur sa tombe, à la tribune du Conseil des Anciens, quelques fleurs. Je le remplace dans la présidence de la Commission des inspecteurs de ce même Conseil.

Buonaparte se rend à Paris, il a avec lui plusieurs de ses compagnons d'armes: Berthier, Lasne, Murat, etc., etc.

A peine le général de l'armée d'Italie et de l'Égypte est-il à Paris, que tous les partis cherchent à se l'attacher, tous lui font des offres ; en homme habile, il étudie de quel côté est la vraie opinion publique, force morale qui tôt ou tard subjugue tout.

Le Conseil des Anciens avait eu une assez bonne tenue dans ces derniers temps ; il avait repoussé de son enceinte le jacobinisme : aussi à Paris, où tout est de mode, même en politique, le jardin des Tuileries était-il devenu le rendez-vous du bel air. L'opinion morale paraissant donc être et étant réellement du côté de cette branche de la législature que l'âge de ses membres, et leur choix assez distingué, offraient à la nation comme un dernier refuge, le général préféra de risquer l'aventure d'un coup d'État avec ce Conseil. Les rôles furent distribués. Deux des directeurs, les sieurs Syes et Roger Ducos, entrèrent dans les vues du général ; les deux Commissions d'inspecteurs des deux Conseils y accédèrent, et il fut arrêté que le Conseil des Anciens rendrait un décret pour transférer les deux Conseils à Saint-Cloud ; que Buonaparte serait nommé commandant de la première division militaire, et serait ainsi chargé de l'exécution du décret.

Tout étant bien d'accord et arrêté, je passai la nuit à la Commission des inspecteurs du Conseil des Anciens : contrevens et rideaux furent fermés, pour qu'on ne s'aperçût pas qu'on travaillait dans les bureaux ; nous savions que nous étions observés. On expédia des lettres de convocation pour les membres du Conseil, mais on en retint une douzaine qui étaient destinées à ceux dont on redoutait l'audace ; celles-ci ne furent envoyées qu'après que le décret fut rendu. Le Conseil avait été convoqué pour 10 heures du matin, celui des Cinq-Cents pour midi. Celui-ci étant obligé de lever la séance après la simple lecture du décret de translation, on n'avait excepté de la convocation aucun de ses membres. Tout cela réussit à merveille, je fus porter le décret du 18 brumaire au général, qui était dans sa petite maison de la rue Chantereine, dans un cabinet oval, avec les généraux Lefebvre et Berthier. Il me dit en le recevant : *Je vais aller faire prêter serment aux troupes. Si vous voulez, citoyens représentans, venir avec moi, nous nous rendrons ensemble au Conseil, et j'y prêterai le serment qui m'est prescrit.* Je lui dis : *Général, il faut que nous allions au Conseil lui rendre compte de notre mission, et lui annoncer que vous allez venir à la barre prêter votre serment.* Le général répondit : *Citoyens représentans, je serai aussitôt que vous au Conseil.* La cour de la maison du général était occupée militairement ; toute la garnison de Paris et de la division avait envoyé des officiers prendre l'ordre chez lui. Il monta à cheval, fut aux Champs-Élysées où les corps étaient en bataille ; il se fit reconnaître pour leur général, et vint au Conseil prêter son serment.

Je traversai tout Paris dans la voiture de la Commission, avec un de mes collègues, M. Baraillon. Deux gendarmes nous auraient conduits où on leur en aurait donné l'ordre ;

mais le Directoire exécutif était divisé, paralysé, privé de tout moyen d'exécution : sa propre garde l'abandonnait. Il n'y a point de gouvernement qui puisse résister à une attaque un peu vive, dès que la force morale de l'opinion ne le soutient pas ; il semble alors que tout se détend autour de lui : il laisse faire, il laisse aller, l'isolement des chefs présage leur chute. La conspiration Mallet, avec quelques moyens de plus et un peu plus de tête dans ses agens, eût réussi, parce que Buonaparte était en Russie, et que cette expédition lui avait fait perdre la force morale de son pouvoir. Sa force physique s'anéantissait chaque jour ; quelques moyens de plus et des chefs habiles l'auraient empêché de revenir ressaisir le pouvoir en France.

Le 20 mars 1815 a été l'ouvrage de l'opinion. Lorsque l'on voit le frère du roi, les princes, les généraux les plus recommandables, ne trouver aucun appui dans les troupes qui sont à Lyon, et dans la garde nationale de cette ville, il est impossible de n'être pas convaincu de cette triste vérité. Je n'appelle pas opinion celle qui n'est que plaintive. La véritable opinion publique est celle qui est active. Au 18 brumaire, elle agissait contre le

Directoire, et en faveur du général Buonaparte ; voilà le secret de la journée : nous n'avons tous été que des instrumens plus ou moins heureusement employés.

Le 18 brumaire au soir, il y eut réunion à la Commission des inspecteurs du Conseil des Anciens, pour savoir ce qu'on ferait le lendemain à Saint-Cloud. Il faut le dire, aucune conséquence de cette révolution n'avait été prévue par nos grands politiques ; le pouvoir militaire saisi par le général, était la pensée dominante. Les frères Buonaparte et Fouché avaient seuls le secret de l'entreprise ; on parla beaucoup, dans la réunion, sans s'entendre et sans rien conclure ; tout ce que proposait le général, était en faveur du pouvoir absolu. J'en fis la remarque à Fouché, qui, traitant toujours les affaires les plus graves avec les apparences de la légèreté et de l'insouciance, me dit : *C'est fait.* En effet, le pouvoir militaire était dans la main de Buonaparte, et dès ce moment il se regarda comme le seul maître des affaires. Les Conseils étant convoqués à Saint-Cloud pour le lendemain 19, à 10 heures du matin, il fallut se séparer ; et à cet instant, les trois quarts de ceux qui avaient concouru à l'événement du matin, auraient voulu pou-

voir reculer ; mais il n'était plus temps : Ver-
sailles, Saint-Cloud, tous les départemens
environnans avaient adhéré à la révolution,
Buonaparte était dictateur.

Nous arrivons, le 19 brumaire au matin, à
Saint-Cloud. La nuit avait donné conseil ;
on avait cherché à former dans les deux branches du pouvoir législatif une majorité qui
pût s'opposer aux entreprises du pouvoir
militaire. Des députés avaient des frères et
des fils officiers dans les troupes ; ils leur
avaient fait concevoir des inquiétudes sur ce
qui se passait. Les républicains aiment autant
les places et l'argent, que les royalistes ; ils ne
diffèrent entre eux que sur le mode de s'en
procurer. Ces députés étaient alors puissans,
ils étaient les chanterelles du Directoire : de
tout temps le pouvoir en a eu à ses ordres.
Leur voix allait s'éteindre, ils cherchèrent à
la ranimer. De-là ce serment provoqué et
prêté à la Constitution de l'an 3 ; de-là cette
agitation dans le Conseil des Cinq-Cents, et
cette proposition pour mettre Buonaparte hors
de la loi : elle fut repoussée courageusement
par son frère Lucien, qui présidait l'assem-
blée. Il lutta contre l'orage ; le danger parut
assez éminent pour que le général l'envoyât

enlever par la force-armée. Un autre député
monta au fauteuil; et l'entrée de la force-armée
dans la salle des délibérations des représentans
de la nation, parut un crime nouveau aux yeux
de ces représentans. La proposition de la mise
hors de la loi du général, fut reproduite. Il y
avait une difficulté à vaincre, mais on n'y songea pas. Les moyens d'exécution manquaient;
le décret du Conseil des Cinq-Cents ne suffisait
pas; il fallait qu'il fût sanctionné par celui des
Anciens, la majorité était incertaine. Le Conseil des Cinq-Cents eût pu se saisir du pouvoir,
mais il était sans bras et sans tête; aussi, dès
que Buonaparte fut conseillé de faire évacuer
par la force-armée la salle où était réuni le
Conseil des Cinq-Cents, et qu'il en eut donné
l'ordre, la salle se trouva vide, et les députés
s'enfuirent à toutes jambes, laissant la plupart
leurs manteaux dans les bosquets de Saint-
Cloud.

Le Conseil des Anciens, qui ne pouvait
agir que d'après l'initiative du Conseil des
Cinq-Cents, était resté expectant, et était travaillé de plusieurs manières, soit pour suivre
l'entreprise, soit pour l'abandonner. Combien
de fort honnêtes gens se sont donnés les gands
de la journée de Saint-Cloud, que j'ai vus

pâles et tremblans , manifester leurs regrets
de se trouver en ce lieu , et se retirer en toute
hâte vers Paris , où ils se montrèrent le lendemain , s'annonçant comme les plus utiles
coopérateurs de la journée , et allèrent le soir,
chez les nouveaux consuls , exiger le prix de
leur défection, et l'obtinrent.

MM. Talleyrand et Rœderer étaient venus
à Saint-Cloud comme particuliers ; ils parais-
saient être , avec le comte Syés , l'ame de l'en-
reprise ; Fouché avait répondu de Paris. Je
faisais les fonctions de ministre de la police à
Saint-Cloud , comme président de la Commission des inspecteurs du Conseil des Anciens.
Vers les 10 heures du soir du 19, on s'aperçut qu'un calme profond régnait dans le palais
et dans ses alentours ; alors on se recueillit, et
on songea enfin à ce qu'il fallait faire ; on ne
pouvait revenir à Paris sans avoir adopté une
mesure quelconque.

Un certain nombre de députés du Conseil
des Cinq-Cents erraient çà et là dans les appar-
temens de Saint-Cloud , dans les corridors,
dans les cours. Ils étaient des expectans, ils
avaient le secret de la tentative , et voulaient
en tirer parti.

Alors , on insinua à ces membres du Con-

seil des Cinq-Cents, de se former en assem-
blée : ils étaient 25 ou 3o. On fabriqua un
projet de loi, qui est celle du 19 brumaire
an 8. Le Conseil prétendu des Cinq-Cents le
délibéra; il fut apporté à celui des Anciens,
qui était intact, et la loi fut votée par la mi-
norité ; la majorité était morne et silencieuse.
Buonaparte vint prêter, avec ses deux collègues
au consulat, serment, dans le sein du Coïïeil
des Anciens; et le 20, vers les 4 à 5 heures
du matin, tout le monde quitta Saint-Cloud et
s'en revint à Paris.

J'ai dit, au commencement de cette Notice,
que la révolution du 18 brumaire avait eu un
caractère de sagesse et de modération incon-
nues jusqu'alors. En effet, le pouvoir législatif
divisé en deux branches, le pouvoir exécutif
exercé par cinq individus, sont renversés, et
aucune parole outrageante n'est prononcée
contre ces pouvoirs et les individus qui les
composent. Le général Barras est escorté avec
honneur jusqu'à sa terre de Grosbois; mes-
sieurs Gohier et Moulin, directeurs, qui n'étaient
point du secret, se rendent vers midi à la
Commission des inspecteurs, où se trouvait
le général Bonaparte; et tout se passe en discussion et en légers reproches. Quelqu'un vient

dire que le faubourg Saint-Antoine remue, et que Santerre se montre; le général en fait reproche au directeur Moulin, et lui dit : *San-terre est votre parent, je vais envoyer de la cavalerie dans le faubaurg ; et si Santerre se montre, je donnerai l'ordre de ne s'attacher qu'à lui et de le tuer.* Moulin répond froidement : *Santerre ne réunirait pas aujourd'hui autour de lui quatre hommes.* En effet, l'avis était faux, il était de l'un de ces officieux qui, pour se rendre nécessaires, ne s'inquiètent guère si leur faux zèle ne sera pas plus nui-sible qu'utile. Le directeur Gohier apportait dans cette discussion une telle bonhomie, qu'il voulait toujours que l'on fût dîner chez lui, quoiqu'il fût détrôné. Il avait fait, quelques jours auparavant, des invitations officielles pour ce dîner, au général Bonaparte lui-même et à sa suite. Mais l'amphitrion et ses convives n'étaient plus du même alloi.

Le sieur Dubois-Crancé était alors ministre de la guerre; il n'apprit l'événement que par la voix publique. Il se rendit en grande hâte à la Commission des inspecteurs du Conseil des Anciens, pour offrir ses services, se plai-gnant beaucoup de ce qu'on avait douté de son zèle ; mais personne ne fit attention à lui, chacun lui tourna le dos ; il s'aperçut que son ministère était fini. En effet, le général Berthier expédiait déjà tous les ordres , et des commissaires des guerres étaient là pour les faire exécuter. Je puis affirmer que tout se passa avec une espèce d'hilarité. Le dîner qui avait été donné par les Conseils, le 15 brumaire, ainsi trois jours auparavant au général Bonaparte, où se trouvaient les Conseils, les cinq directeurs, le général Moreau, le ministère, tous les chefs de corps, ne présageait point la tempête ; et les mesures pour la journée du 18 ne furent arrêtées que le lendemain au matin. La révolution devait même se faire le 17 ; mais on n'eut pas le temps de faire les préparatifs indispensables , heureusement , parce que le 17 le temps fut très-mauvais , et que la sérénité du temps influe plus que l'on ne pense sur les événemens d'une journée. Le 18, le temps fut magnifique , et l'on put déployer tout l'appareil d'une grande force , tant dans les Champs-Élysées que sur les quais et dans le jardin des Tuileries, qui fut en un instant transformé en parc d'artillerie.

Cette journée du 18 brumaire fut une journée de dupes , en ce sens que le pouvoir passa dans des mains qu'on n'avait pas assez redoutées.

Le général affirmait qu'il ne voulait être que
l'exécuteur des volontés des représentans de la
nation, et du gouvernement qu'ils établiraient.
Les uns croyaient la révolution monarchique
et royale ; en effet, la Constitution de l'an 3
avait préparé les voies pour un gouvernement
constitutionnel. Les autres rêvaient une répu-
blique à la romaine, et songeaient à ramener
sur la scène du monde des consuls, un sénat,
un tribunat; mais Buonaparte n'a jamais connu
et entendu que le pouvoir absolu. Toute sa
famille avait les mêmes vues, cela ne pouvait
être autrement. Tous les hommes que le pre-
mier Consul a associés à son pouvoir, ne pou-
vaient prospérer qu'à l'aide de sa toute-puis-
sance, aussi l'ont-ils tous secondés; les hon-
neurs et les richesses ont été le prix de leur
asservissement extérieur. Il est si doux de se
voir entouré, sollicité, flatté; de pouvoir ré-
pandre des bienfaits sur sa famille et ses amis;
de marcher vers l'opulence et la grandeur,
quoiqu'elle ne soit souvent que relative; il n'y
a que ceux qui, soit par défaut de moyens,
soit par la fatalité des circonstances, ne peu-
vent pas participer à tous ces avantages, qui
répandent sur eux une teinte sombre, et s'ar-
ment d'une grande austérité de caractère et de

principes. Je ne sais pas si l'on trouverait aujourd'hui, en France, un bien grand nombre d'individus un peu connus, qui n'aient pas pris part à l'action du dernier gouvernement : toutes les biographies des hommes de nos temps modernes, malgré leurs assertions hasardées, tendent à prouver qu'il y en a très-peu.

La restauration couvre le passé de son égide, *quid vota furentem ! quid delubra juvant!* La légitimité et la Charte font la sûreté du présent, et doivent faire celle de l'avenir. Que nous manque-t-il ? De savoir mettre à profit la leçon du malheur.

Voilà au vrai la partie anecdotique du 18 brumaire. J'ai laissé de côté tout ce qui est constaté par des actes publics, même le rapport que j'ai fait au Conseil des Anciens ce même jour.

Paris, 25 juin 1819.

IMPRIMERIE DE BAUDOUIN FRÈRES,
RUE DE VAUGIRARD, N° 36.

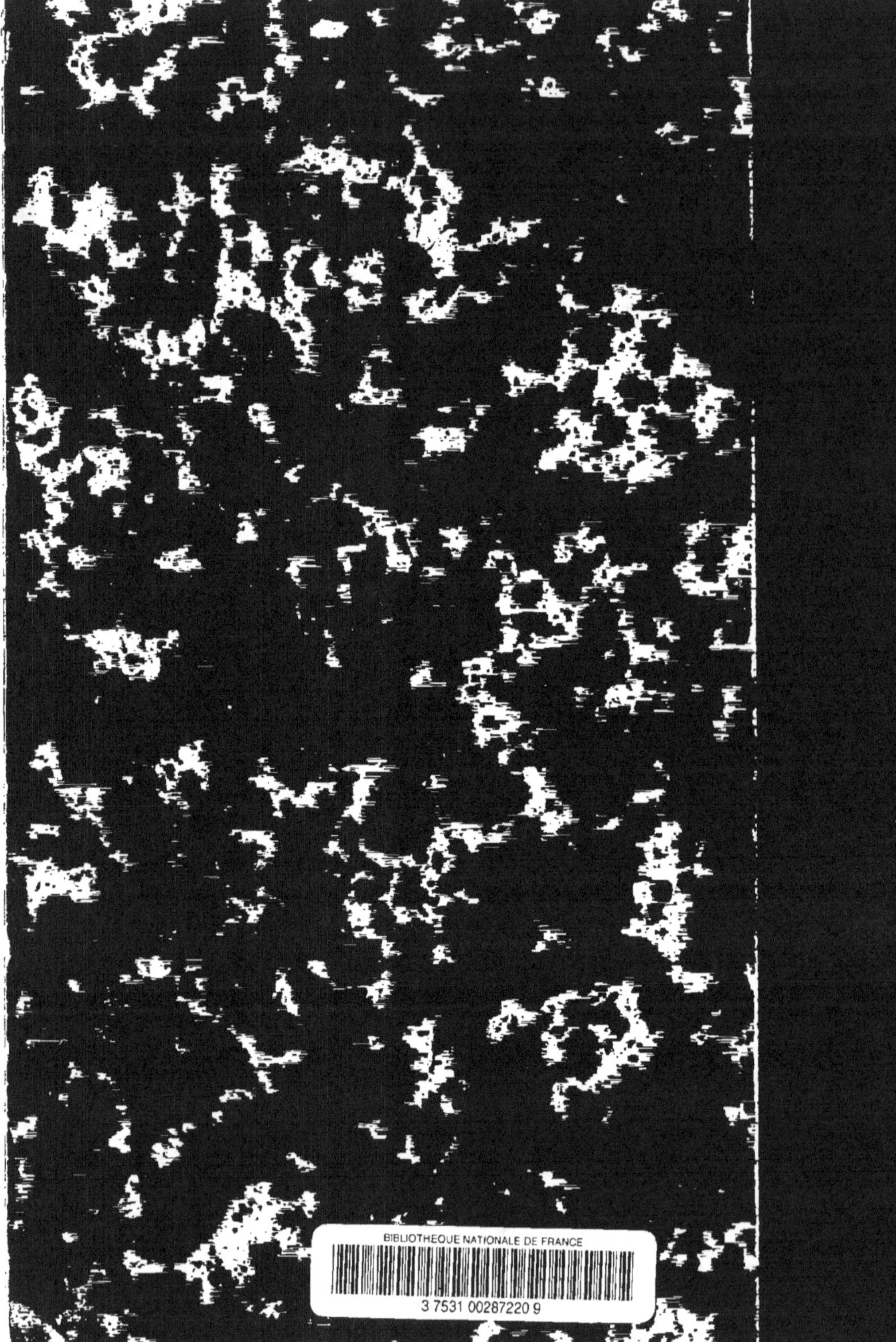
BIBLIOTHEQUE NATIONALE DE FRANCE

3 7531 002872209

www.ingramcontent.com/pod-product-compliance
Lightning Source LLC
Chambersburg PA
CBHW061808060726
47597CB00007B/3169